게는 앞으로 가지 않는다

| 박희익 제7시집 |

도서출판 천우

시인의 말

투병 중인 집사람과 오랜만에 마트에 들러 식품을 싸들고 율하천으로 오는데, 우리 바로 앞에 걸음마를 시작한 어린 아기와 아기 엄마가 가고 있었다.

어린 아기가 아장아장 걸어가다 넘어지고, 세우면 또 넘어지고 천방지축. 발걸음 중심 잡기에 정신이 없었다.

지금부터 세월의 발을 내딛는 아기를 보니 나도 저 모습처럼 어렵게 지나 왔겠지 하는 생각이 든다. 일흔 초반이 올 때까지 얼마나 무거운 삶의 등짐을 지고 땀과 눈물 속 뒤뚱뒤뚱거리며 살아온 인생이던가.

처음 시를 시작할 때 저 앞에 가는 어린 아기의 발걸음처럼 걸어오다 이제 시의 맛을 조금 알려고 하니 세월은 너무 과속으로 달리고 있다.

급속히 발전한 경제와 문화생활, 교육 지도자와 배우는 학생과의 격차, 핵가족으로 집에 아기는 한 두 명. 그런 아기도 하루 종일 엄마의 품을 벗어나 어린이집에서 엄마의 체취도 맡지 못하고, 어린이는 이 학원, 저 학원으로 번갈아 가며 파김치가 되어 집으로 들어온다.

학교에서는 교사와 학생이 따로따로 난장판인 오늘날의 현실…. 모두 게처럼 앞으로 가지 않고 옆으로 가려고 하는 이러한 현실이 앞으로 커다란 염려가 된다.

우리 생활과 자연에 관한 글을 옮기다 보니 어느덧 일곱 권의 책을 쓰게 되었다.

비록 졸작이라도 많은 지도 편달, 아낌없이 보내주시는 金天雨 (사)세계문인협회 이사장, 이수화 문학박사, 윤제철 (사)세계문인협회 부이사장, 최병영 (사)세계문인협회 감사, 석병천 (사)세계문인협회 이사, 윤지훈 (사)세계문인협회 사무총장에게 감사드린다. 계속해서 다듬고 글을 쓰며, 생전에 얼마의 글을 내놓을지 모르겠으나 함께하는 문우님들에게도 앞으로 많은 충고 부탁드린다.

2013년 8월 15일

幹谷 박희익

제1부

겨울의 끝자락

● 시인의 말

겨울의 끝자락 _ 13
결정체 _ 14
그리움은 멀리 _ 15
꽃길 _ 16
두견이 피를 토한 꽃 _ 17
물소리 _ 18
민들레 _ 19
바다 _ 20
바닷가 담쟁이 _ 21
벌과 꽃 _ 22
봄 소리 _ 23
산 수국 _ 24
바위 손[石手] _ 25
소나무 _ 26
율하천 벚꽃 _ 27
하얀 눈이 내리던 날 _ 28
해오름 _ 29
향나무 _ 30
능파대 _ 31
닭 바위 _ 32
왕따 _ 33
하늘 가까이 _ 34
외로운 갈매기 _ 36
지리산 _ 37
작은 꽃의 봄 _ 38

제2부

궤도 이탈

궤도 이탈 _ 41
남과 북의 심장 _ 42
대선(大選) _ 43
밤은 바꿀 수 있다 _ 44
새 대통령께 바라는 기대 _ 45
약삭빠른 권력 _ 46
염원 _ 47
입주민 대표 공약 _ 48
팬티 같은 바지 _ 50
지하철 안 여학생 _ 51
철조망 _ 52
승자의 눈물 _ 53
품지 않은 난(卵) _ 54
70억 등 _ 56
영원하라 초동이여 _ 58
박가온 돌날 _ 60
지구를 보다 _ 62
밝은 별 어디에 _ 63
토성동 지하철 _ 66
누이야 _ 67
사랑하는 사람 _ 68
동행 _ 69
몽돌 해변 _ 70

제3부

존재의 의미

존재의 의미 _ 73
꿈길 _ 74
눈이 내리는 밤 _ 75
레일 _ 76
벽 허물면 _ 77
변해버린 세월 _ 78
삶이 그런 거야 _ 79
성주풀이 _ 80
여정(餘情) _ 81
연륜 _ 82
오랜 관행 _ 84
인생(人生) _ 85
잠 못 이루는 밤 _ 86
종이컵 _ 87
타고난 운명 _ 88
친구 _ 90
폭우 _ 91
부서진 거울 _ 92
불타는 집념 _ 93
허망한 꿈의 향연 _ 94
야상(夜想) _ 96
합창단 _ 97
어미 닭 _ 98

제4부

별 단풍

거미 _ 101
게는 앞으로 가지 않는다 _ 102
고로쇠 수액 _ 104
까꾸리 _ 105
보길도 여름 _ 106
문학 기행 가는 길 _ 108
별 단풍 _ 109
불나비 무도회 _ 110
산바 _ 111
수평선의 노도 _ 112
오륙도 _ 113
허탈 _ 114
섬진강 _ 116
고흥 가는 길 _ 117
이육사 문학관 _ 118
함양 상림 숲길 _ 119
녹동항 _ 120
아리랑 움막 _ 121
안동행 무궁화 열차 _ 122
촛대바위 _ 123
앵두나무 _ 124
자규가 우는 그리움 _ 126
우물 _ 128
남해 창선 _ 129
여름의 중간 _ 130

제5부

당신을 만나

2012년 12월 28일 _ 133
가발 _ 134
당신을 만나 _ 135
변명 _ 136
항암사 _ 138
주름살 _ 140
자운영 _ 141
도반 _ 142
동행자 _ 143

제1부

겨울의 끝자락

겨울의 끝자락

성큼 찾아온 남녘 봄
땅속 밀치고 나오는 싹
기지개 켜는 소리에

겨울과 봄의 중간에
봄의 산고
움트는 아픈 소리로
얼음 녹이는 노래

봄 온기(溫氣)의 느낌
개구리 하품하는 소리
귓가에 들린다

대지의 주름살 펴고
터지는 꽃봉오리

결정체

떨어지기 싫어 매달린
수정같이 맑은 이슬
영롱한 물방울 대롱대롱

헤어지기 싫어
온 힘 모아 매달린
이마에 맺힌 땀

지나는 바람 원망하며
끝까지 잡고 늘어져 보자
증발되어 사라지는 날까지

그리움은 멀리

별빛 쏟아지는 새벽
따스한 바람을 잡고
두견화 개나리
가슴에 안겨온다

봄은 어김없이
노랑 빨강 화장을 하고
너를 데리고 오는데
너는 어찌 오고 가지도

꿈에라도 좋으니
너와 나 만나서
울어도 좋고 웃어도 좋다
소곤소곤 이야기하며

오는 봄
가슴을 열고
깨어나게 하려마

꽃길

벌교에서 순천 가는 고속도로
오랜만에 비와 함께 달린다
순천 가는 양쪽 정비된 가로수
붉은 배롱 마음 홀린다

잔잔한 바닷물처럼
파도치는 배롱나무 꽃
꽃길 한 마리 나비 되어
빗속을 헤매다

꽃으로 환영하는 시가지
변덕스러운 소나기 동행하고
졸리던 졸음도 달아난다

두견이 피를 토한 꽃

오솔길 숨은 봄 찾아
나목 만개한 꽃 머리에 이고
해탈한 고드름 녹아내려

떠오르는 해 산새와 함께
해마다 어김없이 찾아오는
꽃샘의 변덕스러운 몸부림

자연은 거짓을 아니하고
약속 지킨 진달래
잎사귀 밀린 꽃잎 아름다워라

가슴 탁 트인 아침 산 오르며
개구쟁이 놀이터 두견새 울다가
꽃 따 먹고 허기진 배 채우던
그리운 가지 끝 보라색 입술

물소리

물안개 산허리 감고 돌 때면
떼 지어 오는 먹구름 비 몰고
구름에 눌린 푸른 산 가까이

춤추고 소리치며 흐르는 물
맑은 개천 둑 열나게 걷는
남녀노소 걸음걸이 빠르다

물속에 떠내려가는 세월의 그림자
땀 식혀주는 개울 바람 시원하다
살아가는 자연 모두가 빛바랜 시(詩)

민들레

보도블록 틈새
납작하게 밟힌
민들레
끈질긴 생명
노란 꽃 피었네

혹한 겨울
칼날 세운
대한 소한을 먹고
봄의 입맛을 다시며
민들레 꽃 피었다

짓밟힌 너의 머리에
한 마리 꿀벌 찾아와
진한 봄 향내
안고 있구나

바다

밤은 소리 내어 울부짖고
철썩이는 소리 흰 거품을 토한다

멀리 오징어 배 불빛 등대 되어
물속에 가라앉았다 솟구쳐 오르면

찾아 줄 옛 임이라도 기다리는 듯
무엔지 그리운 맘에 닻을 놓고

가까이 보이는 수평선만 바라본다
구름 낀 동쪽 하늘 여명이 밝아오면

켜켜이 싸인 각양각색 구름 틈 사이
햇빛 한 자락 번쩍이는 무지개 핀다

바닷가 담쟁이

무더위 짠 염분에
세월의 병을 앓고

씀씀이 빠진 머리
가을이 병들었다

몸 사려 마음 쉬어갈까
바위 한 몸 의지하고

꼭 잡은 거미손으로
우리 마주 쳐다보네

벌과 꽃

벌은 꽃이 좋아
꽃과 벌은 상생하고

꽃은 클수록 향기가 적다
보기 좋은 꽃도 향기가 적다

붉은 장미
목련도
큰 꽃은 벌이 싫어하고

낙엽 속이나
바위 틈새 핀

보일락 말락 한 꽃이
짙은 향 멀리 난다

벌은 꽃을 찾아 나선다
스산한 가을바람에도

작고 향기로운 꽃을 찾아
정처 없이 날아간다

봄 소리

스치는 바람
겨울은 봄을 열고
녹아내리는 물소리
봄 노래 부르며 흘러만 간다

산새 나래를 펴고
새벽 노래로

따스한 남녘 바람이
간질이며 움트는 싹
그리움을 뒤로하고
얼굴 부비며 지난다

순간 이동 삶을 비집고
걸림 없는 마음 한 조각
긴 여정을 잡기 시작한다

산 수국

바람 소리
부들부들
산 수국
몸살 기운

발길 끊긴
산비탈
자줏빛 웃음

휘파람새
후—이 후—이
요동치는 나무

돌 너들
그 웃음
산골짝의
메아리치는
풍경화

바위 손[石手]

가슴에 얼음덩이 안고
세월 가길 기다리며

오늘 뭉게구름
내일 있을까?

바람같이 왔다
흩어지는 틈새

만추 한 낙엽
뒤돌아보니 한 줌의 흙

아무것도 없고
변하는 연기(緣起)

윤회하는 씨앗
돌손 돌손[石手石手]

싹을 틔운다

소나무

바람 불어도 좋아
오늘처럼 맑은 날
거꾸로 살아도 좋아

아름다운 경치라면
손끝 머리 위로 향하고
꿈 많은 솔방울 씨 몇 알

바닷물 닿지 않는 파장
흙냄새 그리워
오늘도 파도는 치는데

거꾸로 매달린 가지
바닷가에 비친 내 모습
뿌옇게 안개로 떠오르다

율하천 벚꽃

물 음향 짙은 개울가
열일곱 아가씨 젖가슴
금세 터질 듯한
꽃망울
봄을 부르는 미소
율하(栗下)천 벚나무
부끄러움 접어두고
시샘하는 꽃샘
따스한 봄을 맞아
잠 깨어 곁눈질
만개의 꿈을 참고
물소리 음향 짙은
만개한 벚꽃나무
율하천을 걷는다

하얀 눈이 내리던 날

어떻게 눈이 되어 내려오나
소복이 쌓인 하얀 눈 차 위에도
음지에 찬바람 데리고

집 위에도 나뭇가지에도
눈꽃이 피었다
어린이와 강아지와 함께 뒹굴고
눈사람 만들고 눈싸움도 한다

어릴 적 뒷동산에 올라 놀던
그때의 눈이다 먹음직한 하얀 눈
눈사람이 서 있다 옛적의 눈사람

얼어붙은 길 미끄럽다
꽤 오래 녹지 않고
마음이 꽁꽁 얼어 녹지를 않네

해오름

허물을 벗고
겹겹이 쌓인 구름 조각
빛바랜 검은 구름 헤치고

푸른 바다가 닿은
하늘로 솟아오르는 용트림
환희의 빛 태양이 솟아오르다

수평선 넘어 구름층 위로
박차고 나오는 힘을 보라
형언할 수 없는 우주의 몸부림

가슴 벅차게 피어올라
이른 새벽 여명을 밝히고
바다는 힘차게 움직이며

온 세상 광명 비치리라

향나무

바위 방석 깔고
모진 풍상 받으며

짠바람 먹어가며
천년 분재 되어

오가는 나그네
발길 붙잡아

천년 한 풀기 위해
좌선 기도 하는구나

능파대*

조각품 같은
자연의 아름다움

파도에 얻어맞은
수억 년 세월

할퀴고 닳은 자국
시련의 바위
금강을 만들어낸다

앞은 바다
후미는 산
꿈으로 볼 수 있는 조각품

부럽지 않아
천하제일
황산, 금강산도…

*능파대 : 한명회가 이름을 지었다고 함.
*친절한 문인 삼척 최경규 선생 안내 감사드리며….

닭 바위

알을 품은 형상
자리 떠나지 않고

비바람 천둥 쳐도
꿈적 않고 앉았다

파도에 할퀸 자국
모질게도 지키고

닭 머리에 가마우지
하얀 똥을 싼다

왕따

밀려오는 파도소리
갈매기 모래사장에

부부 싸움 두 쌍
한 쌍이 토라졌다

넓은 모래사장
따돌림받아

얼마나 속상한지
기륵기륵 울고 있다

하늘 가까이

보이지 않는
바람의 떠밀림으로
헉헉대며 산에 오른다

녹색의 나무 그늘
어머님 치마폭에 싸여
허리를 베고 누웠다

바람이 지나면
햇볕이 찾아들고
구름 안개 지나면
빗방울 놀다 가네

나란히 놓인 의자에 누워
녹색 잎 거센 파장을 보며
하늘 가까이 가슴을 연다

실타래처럼 꼬인 지난 삶
어슴푸레 가는 냇물
여인의 힘찬 오줌
흘러가는 개울 물소리

이름 모를 산새들
아침 햇살 물고 오니
무엇을 부러워하랴

시원한 바람
청산은 나를 보고
말없이 살라 하네

외로운 갈매기

바다도 푸르고
하늘도 푸른 수평선 넘어

거센 파도는 겹겹이 밀려오는데
정처 없이 걸어가고 있다

집 나간 가족을 찾아 주세요
짝을 불러도
새끼를 찾아도 없어요

마누라 코 위에 검은 점이 있고
바싹 마른 몸매 의복은 흰색
검은 눈
딸은 예쁘게 생기고
눈은 부리부리합니다

목메어 불러도
아무도 오지 않고
가슴 서린 한 외로움만 타니
보신 분 계시면
연락주세요

후사하겠습니다

지리산

천왕봉 새벽
보이는 천지 솜이불
하늘 맞닿은 곳까지

어쩌다 한 번 내민 얼굴
꿈속에 그린 봉우리
틈새 비집은 아침 해가
무한한 빛 띠고

세상 힘차게 밝힌 태양
껴안고
구름 속 뒹굴고 싶다

반야봉도 안고
천사가 사는 곳에
뛰어내려 함께 살고

땅 위에 엉덩방아
구름은 그대로 흘러가도
하늘 가득 햇빛은 오는데

작은 꽃의 봄

설한에 피어난 설중매
춥고 그늘진 낙엽 속
가냘프게 피어난 춘란
벌이 찾아든다

꽃향기 멀리멀리 퍼지고
작은 꽃향기가 벌 나비 부른다

큰 꽃은 아름다워도
손님이 찾지 않으니
향기가 없어

연약하고 작은 꽃일수록
향기가 멀리 나는 까닭은
생존하기 위한 생식본능의
숙명이라

지천에 깔린 향내 없는 꽃들
그 향내 애절하고 간절한

재색으로 변한 꽃잎
그리움으로 가득 채운
벌처럼 날 수만 있다면

제2부

궤도 이탈

궤도 이탈

검은 하늘
별자리 숨어버린 낙뢰(落雷)
소리 내며 통곡한다

불을 품는 번개 터져
한없이 내린 황톳물
개울가 굽이쳐 가고

발목을 잡고 늘어진
풀숲 돌 틈 사이
붉은 정액이 흘러내려

어둡고 넓은 궁 안으로
난소가 기다리고 반기는
배란의 꿈을 시작한다

파도소리 나는 바닷가
적조가 번지는 양식장
환한 웃음으로 변할까?

여의도 견곡(犬哭) 소리

남과 북의 심장

대암산에서 흘러내리는 수원 발원지
양구 시가지 한강으로 흘러내린다
잘 다듬어진 인공호수 파로호 습지

인공으로 만든 한반도 섬이 아름답다
여울 가에 꾸며진 체육공원 인상적이고
언제 전쟁의 소용돌이 지나갔나 싶다

맑은 공기 양구에 오면 10년 젊어진다고
그럴 만도 하다
고산에 둘러싸인 이 나라 최대 격전지

펀치볼* 같이 생긴 분지며 제4땅굴 현장
피의 능선 도솔산 역사가 아롱거린다
전쟁기념관은 말한다 9개의 전적비가

* 펀치볼(Punch Bowl) : 화채 그릇처럼 생겼다 하여 미군이 지은 이름.

대선(大選)

향기로운 가을
멀어져 가는
발자국 소리 바쁘다

벌써 겨울이 달려오네
변덕스럽던 한 해

불행과 행복이 겹친
어두운 터널 지나

찬바람이 밀려오는
아침 창 열어 본다

검은 바람이
찢어지는 틈새
많은 공약이 쏟아진다

그들의 선심은
누구의 돈인가?

가슴 도려내는 국민의 땀
나오는 대로
시부렁거리는 대선아 대선

밤은 바꿀 수 있다

밤이 울고 있다
검은 눈물
한없이 흘리고

자기 집에 들러 달라는
상업용 현수막
요란스럽게 펄럭인다

금요일부터
일요일까지

월요일부터
단속을 하니

광고주 가슴
터질 것 같은
속—앓이

깊은 밤일수록
소리 없이 내려

검은 밤을 타고
창을 할퀴고 가느냐

새 대통령께 바라는 기대

비방전으로 TV도 보기 싫던 지옥의 네거티브
우리도 선진국 대열 여성 대통령 탄생
민주 발전을 위해 행복한 삶을 공약한
대통령께 어려운 세계 경제 지혜롭게 풀어

시대가 시대인 만큼 잘 이끌어 가리라 믿는다
부녀 대통령
아버지 경제와 국가 발전 우리는 배고픔을 안다
따님은 행복한 삶을 새 대통령께 기대해본다

약삭빠른 권력

새가 음지를 가다가
얼음에 미끄러져
다리가 부러졌다

새는 날개로 푸덕거린다
하얀 눈
얼어 있는 줄 몰랐나 보다
바보같이

음지 양지도 모르나
오늘같이 추운 날
119 불러 응급실 가게
그래도 너는 좀 낫다

멍청한 놈은
창문에다 들이받아
대놓고
자살하는 놈도 있는데

몸은 나무에 있고
마음은 콩밭에 있으니
그 꼴이지 이 축기*야

* 축기 : '바보'를 뜻하는 경상도 남부지방 사투리.

염원

수많은
색색 종이에
통일의 염원이 담겨 있다

나
종이에
그렇게 글을 쓰다

통일이
죽기 전에 오라고
우리 모두 기원하는데

입주민 대표 공약

살기 좋은 동네 만들기
노인 복지 대폭 지원
어린이집 무상급식
대학 등록금 반값 지원
초중고 무료급식
아파트 도색 무료
반값 아파트 분양
단지 내 도로 대리석 포장
단지 CCTV 설치

세 사람 입주민 대표들
상대 흠집 내기
게걸스럽다
주민들 돈이지, 당신들 돈인가?
주민을 위해 얼마를 기부했나?
주민들 돈을 세대 당 갹출해서 낸다고

관리비도 못 내는 주민이 얼마인지
당신들 알고 있나?
오월 유월 염소처럼
입만 나불되면 풀이 입 속에 들어가나
참새처럼 짹짹거리기만 하고

요즈음 애기들
태어날 때부터 세금을 안고 나온다
주민들 부채 얼마나 되는지 알고 있나?
대표 출마자 犬子, 犬音
토할 것 같다 아파트 돌아가는 꼴이

저질스럽게 물고 뜯어라
답—답하게 인신공격이나 하는 대표
입으로 하는 봉사 좋아하는
대표 출마 나리님들

팬티 같은 바지

하늘 같은 철모의 무게
팔이 빠질 정도 M1 소총
아랫도리 팬티 구멍
다리 사이 검게 보인다

솜털이 뽀송뽀송
얼굴에 힘이 주어진다
꼬인 다리
눈요기 많다

옷차림을 뭐라 말할까
날 새지 않은 그늘 속
희미한 그림자 비치다
기분 나쁘지 않게

자꾸만 눈알 굴림을
나도
수컷임은 틀림없다

지하철 안 여학생

중학교 1, 2학년 될까
야 너 술 얼마나 먹어
소주 3병
난 맥주 3병
참 기가 차다
깔깔댄다
솜털의 얼굴
책가방 술이 취했다
우루루 내린다
어쩌면 좋아

철조망

안개 물방울 대롱대롱 달린
철조망에 땀방울 맺혀 있다
켜켜이 둘러싸인 산 계곡

남과 북 발아래 밟힌 산
총을 메고 경계하는 군인들
똑같은 민족인데 불꽃 튀는 눈빛

오가지 못하는 녹슨 철조망
안개 바람도 남북이 따로 있나?
바람도 산울림도 그 하늘

오가는 벌은 꿀을 물고 넘나들고
산 넘어 어느 나라 백성이고
남쪽은 어디 백성인가?

물어보자 60년 넘어 갈라진 땅을
철조망 맺힌 눈물이 녹이 되고
수없는 목숨 얼마나 산화했던가?

뒤엉킨 영혼의 한 맺힌 피눈물
을지 전망대 풀지 못할 철조망
가슴 멍하니 오가는 구름 나그네

승자의 눈물

강렬한 태양 빛
푹푹 찐 바람 한 줌
정자 바닥이 뜨겁다

움직일 줄 모르는
나뭇잎
팔월 함성 대단하다

개울 바람도 지쳐
이마에 땀 흘리고
꿈을 피운 한판 승부
세계가 찜질방

애국가 울리면
승자와 패자
이겨도 울고 져도 울고

심장 터지게 겨루다
주심 판정에
보이지 않는 한쪽 눈

지난 영화 한 편 그리며
아리랑 눈물 태극기 적셔
양팔 쳐들며 땀으로 웃는다

*올림픽 레슬링 금메달리스트 김현우 선수를 보며 지은 시.

품지 않은 난(卵)

품지 않은 난(卵)
썩어버린다

시간의 조임에
온도의 버림받은
생명은 없다

품에
안기어 뜨거운 사랑을
불어넣는다
품은
안아 주고 냄새도 주며
향기도 주고
품속
따듯한 사랑을 주면
품
벗어나면 독립하고
자식도
새끼도
품 안에 있을 때 자식이지
품을
벗어난 결산가족은

품속에 자라지 못했기에
비뚤어진 성격
폭력 폭행 강도 강간
잘 품은
알에서 좋은 새끼가
인간이나
동물은 똑같다 어미의 품이

70억 등

2012년 8월 폭염 속
열대야에 잠 설치고 무더위에 힘 빠지는 여름밤
온 세계 70억 인구가 보는 올림픽 축제
영국의 수도 런던 하늘에 태극기 휘날리던 날
우리와 8시간의 시차 응원하다 잠 설치고
양궁 사격 유도 펜싱 레슬링 도마 태권도 권투
금 13개
은 8개
동 7개
자랑스러운 축구는 일본을 잡고 64년 만에 값진 동메달
역도에서 장미란 선수, 수영에 1500m 박태환 선수
배구, 핸드볼 한국 낭자 얼마나 아름다운가?
나이 어린 리듬체조 요정 손연재 선수 비상(飛上)
장하다 우리 선수 잠 못 이루면 어떤가?
이기면 좋고 지면 어때
이기는 팀이 있어야 지는 팀도 있지
진다고 나무라지 마라
이기고 싶지, 지고 싶은 사람 어디 있어
각 종목 메달 외 4등이면 어때
233개 국 70억 명 중 종합 5등이면 5천만 국력 대단하지
문화와 언어 피부색이 다른 동서남북에 사는 사람
어느 종목이든 경기 규칙은 똑같다

남아공 의족 400m 육상선수 피스토리우스
장애의 몸으로 달리는 용기 얼마나 아름다운가?
바보 같은 나는 70억 명 중 몇 등 쯤 할까
그래 70억 등은 하겠지
나에게 어떤 메달의 이름 지어질까?

영원하라 초동이여

— 초동초등학교 동창회 축시

덕대산 기슭에 우뚝 솟은 집
그 이름 초동교 우리들의 요람 터

양지바른 곳 초동의 별자리
금빛 찬란한 아침 햇살이여
한 세기를 향해가는 빛나는 수레바퀴

한없는 역경과 시련을 지나
이제는 어둠 걷히고 눈부신 태양 아래
크나큰 보람과 억겁도 넘는 위업 속에
의연한 의상과 진리 탐구의 터전 초동이여

눈부신 햇살 가장 먼저 환하게 정기 받은 곳
아련히 마음 주어 자랑함이니
80년 전통 기리는 지울 수 없는 역사

우리 학교 한때 미군 부대로
우리들은 야산에서 공부했고
대한 제일이란 이름 하여
장엄한 한 세기 자랑함이로다

보라
한국 제일의 문무백관이
우리의 자유를 마음껏 누릴 수 있도록
피와 땀을 흘린 명예로운 선배님

초동교 제1회 졸업생 박희동 장군님
인천상륙작전, 양구 도솔산전투 영웅 공정식 장군님
그 외 여러 장군을 배출하였고
교육계 법조계 정치인 문학인 사업가 여러 방면
많은 활동을 하고 있다

존경하는 선후배님
낙동강의 발원지 태백 황지에서 흘러온 물
풍요가 넘치는 초동 들녘
빽빽이 들어선 하우스 기술 영농으로
도시 부럽지 않은 부촌의 꿈 이룬 땅

날카로운 학문 이론과 역사
성실하고 단정한 순리와 진리
힘찬 가슴으로 성장과 발전을 위해

사랑과 봉사 정의와 자유의 꽃을 피우며
무한한 가능으로 충만한
내일의 초동교가 되기 위함이로다

* 초동초등학교 22회 졸업생.

박가온 돌날

수많은 별
우주공간 어느 별에서 왔느냐
어느 우주에서 얼마나 멀기에

수십억 인구 중에 애를 태우더니
너를 기다린 지 13년 긴긴 해를 넘겨
네가 찾아왔구나

주위의 기다림과 엄마 아빠
할아버지인 나에게
내 손녀로 온 날
보름 달빛이 떠올라

네가 할아버지에게 얼굴 보인 날
동네 떠나갈 듯 울고
집에 들어오지도 못하고 돌아갔지

벌써 일 년 잘 자란 너의 돌날
너를 축하하는 많은 축하객 속에
한 번 안아주고 싶어도

낯선 할아버지가 되어 오지 않았지
섭섭하긴 해도 그래도 귀엽고 좋아

예쁘게 잘 자라 건강하게
부처님 하느님이 너의 아빠 엄마에게
내린 선물이니 감사하고 또 감사하지

지구를 보다

맑고 따뜻한 목욕탕 원통 바닥
대리석 무늬의 각기 다른 색
우주가 있고 세계가 있다

오대양 육대주
인도 중국 미국 브라질 모형
러시아 전 대통령
미하일 고르바초프 이마의 점
아시아 아프리까 유럽까지
모두가 물 속에 잠겨 있다

둥근 지구가 내려보인다
김이 모락모락 나오는
개의 모형도 오리 모형도
하늘과 바다와 푸른 밀림

태평양에서 무색의 파도가 치고
인도양은 숨을 헐떡거리고
대서양은 흰 거품을 마신다

2013년 1월 30일 16시
고흥 나로도에서
위성 발사 성공하는 날이다

밝은 별 어디에

어머니 1

어느 별에 계십니까?
오솔길 별 꽃이 떨어진 향 내음
뻐꾸기도 울고 비둘기 우는
꽃도 보시고요
새소리 물소리 들었습니까?

우리 형제
사랑했다면
육남매 두고
아버님보다 한 살 위
한때 행복 부푼 가정

장미꽃 판서공파 종가 둘째 딸
시조 왕 밀성 62세손 가문에 시집오셨고
기다린 7년 세월 스물셋
3년 후 줄이어 원앙새 새끼 여섯 마리
얼마나 행복했습니까?

내가 본 것은 고생뿐
무명치마 저고리
봄여름 보리밭에서 허리 펼 날 없이

이마에 땀이 마를 날이 없고
검은 머리 흙먼지 지울 날 없이 일하시던 어머니

보리가 익으면 뜨거운 태양 아래
늦도록 타작하고 밤엔 무엇을 하였습니까?
북두칠성이 서쪽 어디까지 가고
닭이 울 때까지 베틀에 날 지새우고
눈을 붙이는 둥 마는 둥
보리밥을 지으시고 모내기며
목화솜 따가며 일하시는 어머니

어머니 2

가난한 농부의 마누라 그중에도 자식 사랑
초등학교 열두 살 졸업하고 열세 살 타향살이
옹춘마니 자식은
소처럼 일만 하는 사람인 줄 알았습니다

토요일 집에 가면 불편한 교통편 맞추기 위해
밤늦게 어머니는 때 묻은 교복을 빨아 다리미질
일요일 아침에 버스 놓칠세라 비포장 도로까지
머리에 짐 이고 차가 멀리 갈 때까지 지켜보며
손 흔드시던 어머니

그래도 첫 아들 읍 소재지 유학을 보내고
서울에 있는 대학 입학 때 얼마나 좋아하셨습니까
어머님과 헤어진 지 오십 년이 넘어섰네요
제 나이도 일흔이 넘어 손주가 대학에 다녀요

그립습니다
우주와 우주 사이 멀고 먼 공간에
금성 아니면 화성 수많은 별
어느 별에 계세요?
아버님도 만나시고요
여동생 순이도 만났습니까?

산 넘어 구름과 바람 따라 가시고
지구는 점차 뜨거워지고 변덕이 심해
오만 질병이 우글거립니다
보고 싶습니다

어머니 못난 자식 영화도 못 보시고
잡힐 듯 말듯
너무너무 보고 싶어요 어머니

토성동 지하철

창가엔 어두운 밤
길고 긴 미로
차창엔 검게 토하는 오열
요란한 지하철
기죽은 한숨 소리
아무리 어두워도
갈 곳 가야지
빛 오는데
검정을 먹고 붉게 토하는
빵 굽는 냄새
지하철 아픔으로 오고 간다
부산 대학 병원

누이야

태어나던 날
배냇송아지 한 마리 얻어
삼년 만에 어미는 돌려주고
송아지 길러

누이 태어나던 해
뒤뜰에 오동나무 심어
오동에 꽃 피고 벌이 찾을 때
누이 시집보낼 준비

누이야 선택된 총각
살림 밑천 어미 소 팔고
다 자란 오동나무 장롱 만들어
가을걷이 후 시집을 갔지

봄 여름 살기 어려워
엄두도 내지 못하고
보릿고개 알지 보릿고개

누이야
한가한 겨울 온 동네 잔치
단자의 민속도 없어졌고
요즈음 잘사니까
시도 때도 없이 짝을 지운다

사랑하는 사람

멀리 있지 않고
가까이 지낼 수 있는
한집에 함께 살 수 있는 사람

사랑하는 사람
궂은일 좋은 일 의논할 수 있고
한 이불 밑에서 오순도순 자식 두고
가정 꾸미고 행복하게 살 수 있는 사람

사랑하는 사람
서로 아끼고 상처 주지 말고 이해하며 사는 사람
부부가 몸이 아플 때 자기도 함께 아파하는 사람

사랑하는 사람
사랑하는 사람 가슴에 못질하는 말 하지 않으며
둘이서 한 말이 집 밖으로 나가지 않고 화목하게
서로가 영원히 마음이 편안하고 변치 않는 사람

사랑하는 사람
헤어질 때 원수처럼 치고받고 개같이 물고 뜯고 하는
정반대의 사랑

동행

당신은 죽어 무엇이 될까요?
나는 죽어 기러기 되어
저 넓은 하늘 원 없이 날고
푸른 산과 들 훨훨 날아 갈래요

부인
당신은 죽어 무엇이 될까요?
나는 죽어 커다란 정자 나무 되어
천년만년 당신을 기다리다
가다가 힘들면 쉬었다 가게

그때 나는
높고 끝없는 하늘
당신을 따라가며
이생에 갚지 못한 빚
빠짐없이 갚아 주리다

* 이 詩는 아침 등산을 함께하는 심리연구사 고영권 선생과의 대화 중에 고 선생 부부 이야기를 졸작 詩로 표현해 보았다.

몽돌 해변

보이는 것은 바다뿐
어이해 가슴을 치느냐

하늘에 별을 안고
밤낮 이빨만 갈아

밀물과 썰물
가슴 저린

떠 있는 섬까지 갉아먹고
상처만 남은 모래사장

그리움 변한 자리
되돌아오는 쉰 목소리

얼마나 답답하기에
저토록 하얀 땀을 흘릴까?

제3부

존재의 의미

존재의 의미

되돌아볼수록
후회스럽다
멀어져 가는
산모퉁이
아련한 안개
고작해야
한 줌의 재
세상 삶 욕심으로
가득 찬 통
버리고
버리고
가지고 갈 것 없는
영화 한 장면
구름과 바람인 것을

꿈길

적막을 잡아먹는 한밤
뒤척이는 몸부림
세상 아무도 살지 않고

누가 찾는 발자국 소리
슬피 우는 괘종시계
똑딱거리는 처량함

동반자는 야심한 밤 어디에
죽어 있을까?
먼 어둠 찾아 나설까?

숨만 쉬는 깊은 꿈속에
어디서 헤맬까?
붉은 세르비아 꽃

소리 없이 창문을 열고
쏴아 싸—아
물을 주는지

더듬어 잡은 손
눈물 닦아주는
무서운 꿈이었다

눈이 내리는 밤

밤새 눈이 내리더니
그리운 것도 없이

마음 밭에 흐르며
율하천이 어린다

밀가루 천지에 날아
제자리 찾고

삶과 죽음
겨우내 얼음덩이 되어

멸시당한 양지
가시내 눈알이 돌아

고녀의 눈에
천상의 그리움이

무지개 되어 있네

레일

수백 톤의 기차
고작 레일에 의지하고

기차는 선로를 믿음으로
좁고 굽은 길을 달린다

레일이 평행하지 않으면
기차는 탈선한다

부부 사이도 거리를 유지하며
평행선으로 달려가고

남편은 부인을
부인은 남편을

부부의 거리 관계 유지하며
한평생 도반이 되어 살아가지

벽 허물면

우산을 접었다 폈다
폈다 접었다
새벽이 걸어오는 소리

하루 맞을 아침 앙증맞게
눈을 뜨면
어둠은 도망치기 시작한다

몇 번 우산 펴고 접을까?
접었다 펼까?
오늘도 얼굴을 펴고 웃고
가슴 열고 닫음을…

가슴을 열면 세상도 넓은데
닫은 마음 좁은 가슴의 벽
허물면…

변해버린 세월

술잔의 색깔과 모양
비워도 술잔
가득 차도 술잔

빈 잔에 마음 담은
가득 찬 술잔의 정
기분 따라 변하고

모양이 다른 잔
술맛도 기분도
취하기는 똑같다

마신 술 세상은
가로등 달려오고
포장길 일어서는

지난 말들이 흐르고
주절이 이어지는 말
세상 이야기 살아 있네

삶이 그런 거야

허공에 말뚝을 박아
세월을 밧줄로 묶고
나이를 투옥시켜
바람에 그물을 친다

커—다란 태풍은 잡아두고
순한 바람은 산으로 보내
햇살 잔주름 건너뛰어
감나무 잎으로 쌓아

나 여기까지 온 것을
우주를 정지시키고
엿가락 구멍 줄 듯 줄은
늘어난 주름살

지난 발자취 더듬어 보면
손때 묻은 책 노을 한 페이지
막걸리 한잔으로 아련한
추억으로 먹는다

성주풀이

정월 대보름 꽹과리 북 장구며
가신의 최고 성주신 지신 조왕신 정낭신
담장 안 정침 중앙에 자리한 대들보 아래

정성 들여 쌀밥 지어 조기 한 손 명태 문어
막걸리 한 주전자 놋그릇에 가득 채워
가족의 건강과 안위 행복지성으로 빌어본다

어미 할미 성주님께 일 년 농사 손을 빌어
농악소리 앞소리에 절하며 소원 빌어
좋은 볍씨 자루에다 중앙 보위에 올려두고

어떤 일이 있어도 종자만은 간수한다
온 동네 돌아가며 집집마다 비는 마음
일 년 농사 풍년 들게 말일이 될 때까지

지금은 볼 수 없는 아련한 옛 풍습
사라진 민속 전통 아쉬움만 더하고
초가집 사라진 자리 아파트만 서 있네

여정(餘情)

무지막지한
바람의 반란으로
산산조각 난 세월의 파편

성숙한 여인의 가슴에
피어나는 연꽃 몽우리
가을은 마파람으로 영글고

검은 이불 덮고
흘러내리는 냇물 소리
그림자 지우며
나의 침실을 돌아다보고

아직 남은
빈 가지 사이 남은 별 헤며
가슴으로 파고드는
흐르는 개울물 소리 듣는다

연륜

세월의 묵은 때
먹구름 위에 올려
바람 요동
칠 때마다
물안개 되어
하늘 높이 올라간다

세월의 때
한 줌 먼지 되어
산마루 오르내리는
영혼마저
변덕스러운
추억 떠올라

사무친 고목
벗겨진 피복
심장의 뛰는 피가
개울물 되고
가마솥에 끓인
인생 계급장

백지장 위에
연필로 그린
아련한 기억
스크린 한 장면
지난 삶
한잔 술 찌꺼기로 남는다

오랜 관행

힘들겠지만
깊은 심연(深淵)

감추지 말고
가슴을 열자

감추어진 속
화병 생겨

둘이든 셋이든
조근조근 토해내자

깊이 박힌 대못
뽑힐 듯 말 듯

처량한 새소리
상처는 영원하다

인생(人生)

삶이
고비사막
모래바람 일어남이요

죽음
흙먼지 날리는 황사
동해에서 소멸 되니

있거나 없거나
알거나 모르거나

바보처럼 웃으며
즐겁게 살아보세

잠 못 이루는 밤

적막이 감도는 이 밤
날 새워 보기는 처음이다
어둠이 수렁처럼 깊어가는
가을밤 수십 년 만에 들려오는

야삼경 처량하게 우는 올빼미
무슨 원한이 있어 슬피 우는가?
이루지 못한 밤 뒤적이다
검은 밤은 어디서 멈출지 모르고

베틀 실낱같이 엉키어 가는 적막
긴긴밤 실타래 방패연 따라 어디론지
하늘 높이 바람 따라 움직이는 환상
한두 번도 아닌 마음 상처 때문인가

눈 감아도 온갖 스크린 머리를 스치고
가슴이 저리고 눈꺼풀이 따가워
변함없이 개울물은 소리 내며 흘러간다

도랑물 밤새도록 흘러가는 물소리
불자여
이제 마음의 벽을 허물 때도
되지 않았느냐?

종이컵

포개진 붉은 립스틱
붉은 얼룩이 많다
립스틱 묻은 자리
입술을 들이댄다

기분 나쁠 것 같은데
병이 들어올 것 같기도
붉은 립스틱 묻은 종이컵
빙빙 돌려 본다

뜨거운 커피 입술을
혼자서 자연을 즐기는
괴짜 시인의 방엔
씻지도 않은 종이컵

그래도 커피는 맛이 있는데

타고난 운명

태어날 때부터 운명이 결정된다
인간도 어머니 궁에서 나와 탯줄을 가를 때
운명이 정해져 버리는 것처럼
한집에 살다 사군자로 표현되는 묵객의
손놀림에 벽에 걸린 족자가 되고

하늘 높이 올라가는 연살도 대나무살
궁사가 쏘는 화살도 대나무
맑은 날 비 오는 날 삿갓도
부채, 죽부인, 등받이, 대소쿠리

모두가
바람 불면 소곤소곤 댓잎 부딪히는 소리
죽순으로 태어나 식탁에 오르는 놈
음식을 집어 먹는 젓가락
김 양식장에 대발 멸치잡이 죽방
기와집 흙받이 흙벽 받침대 모두가 대나무

대나무 운명은 정월 보름 달집 지주대로
온 동네 대마디 터지는 소리
작은 대나무 잎과 함께 땔감으로

팔자 기구한 놈은 대나무 빗자루 사용되다
몽당빗자루가 되어 불 속으로 들어가
불에 타고 재가 되어 자연으로 돌아가고

내 사랑은 땅속에서 사랑을 속삭이고
자식들은 땅속에서 뿌리로 번식한다

친구

만남도 힘들고
헤어짐도 어려워
얼마만이지?

문봉(文峯)과 나
포옹을 한다
심박동 요동치는
정이 살아

수십 년 맺은 우정
변함이 없고
짧은 시간 못한 이야기

깊은 정 파도치는
아스라한 지난 추억
뭐부터 말할까?

폭우

얼굴을 손톱으로 할퀸 상처
가슴에 타 내린 핏물을 받아
대지에 뿌려 보자

웃으며 가도 잊혀지지 않는
바다의 꿈
몸속 흐르는 비릿한 추억

맑은 증류수로 변한
아름다운 꿈을 꾸며
가슴 저린 세월을 싣고

너도 넓은 바다로 가면
험한 파도 속
이주민으로 살아갈 수 있을까?

부서진 거울

내 꼴
눈코도
입
귀
팔다리
찢어진 놈은
찢어지고
수천의 상(像)이
나를 보네

쪼개진 몸
토막 난 상처
하얀 피가 묻은
굴곡 된 상

얼굴은 하나인데
삶의 모양이 다를까
누가 나를
처참한 상처에 보석을
부서지고 깨어진
거울에 담았나

불타는 집념

찬바람 뼈를 여의는 북극
쇠를 녹이는 용광로
얼음이 밀려오는 찬 바닷가
적도의 태양 아래서

아무리 추워도
아무리 더워도
둘이서 포옹하고 있다
하얀 물보라 밀려오는 모래사장

온도의 변화 없는
불타고 얼어붙은 곳
나 떨어지지 않은
그러한 사랑을 해 본 적이 있었던가

허망한 꿈의 향연

나는 집을 나와 무작정 길을 떠났다
어디가 어딘지도 모르고
어느 폐허된 공장에 들어갔다
그중에 다행히 아는 아이가 몇 명 있었다
사장에게 공장 일을 부탁하여 일을 하게 되었다
나는 왜 떠나온지도 모른다
신분은 철저히 숨기고
기름 묻고 녹이 슨 망가진 기계 위에 올라앉아 있으니
장난스러운 아이들이 기계를 돌려 떨어질 뻔했다
단벌인 내 옷 기름이 묻어 윤활유 덩어리 되었다
식사도 3교대 기다리다 꼴찌로 했다
여기가 어딘지 방향도 모르겠다
편지를 쓰려고 해도 주소도 모르는 외딴곳이라서
주위는 전부 망해버린 공장의 잔해들로 엉켜 있고
처음은 큰 산업단지 공장 지대였나 보다
지금은 폐허 된 곳이지만
산들은 황무지 내가 왜 왔는지 기름 냄새가 속을 뒤집는다
몸이 마르고 며칠 버티지 못할 것 같다
너무 힘들고 이상한 곳이다
월급은 필요 없다 완행 열차표 값만 주면 받아 갈 생각이다
사람들은 모두들 순하다 도무지 알지도 못하는 이곳에서
아이들은 물어온다 나에게 왜 여기 왔느냐고

일본이나 대만으로 가지?
그런 사연이 있다고만 했다
내가 떠날 때 그곳에 온 이유를 말할 것이다
나는 밤마다 아픈 몸으로 글을 쓰다 몰래 잠들곤 했다
공장이란 한 곳뿐 산속이라 우체통도 없다
멀리 나가지 않으면 나무 한 포기 없는 산속 여기가 어딘지
폭격 당한 땅 같아 또다시 기계를 돌린다, 토할 것 같다
많은 고생과 체험을 하고 작별할 때가 왔다
나는 시인이었다고 말한 후 궁싯대며 긴긴밤을
돌아서 깨어보니 서럽고 깊은 밤이 서서히 밝아온다
왜 이토록 쓸쓸하고 허전할까 꿈속에 고생한 밤이 깊어만 간다

야상(夜想)

이 밤 새우고 나면 잊어버릴까
먹물보다 진한 어둡고 긴긴밤
왜 이리 길고 길까

작은 괘종시계 소리는
적막한 거실 삼키고
고요한 밤 정적을 깨고

뒤척이는 송장 나뒹굴어
무색의 액체에 취해
온갖 사색 숙면 품고파

이명은 밤새 울어
꿈을 버린 밤이 깊어만 가네

합창단

밤 별 붙잡아
노래한다
다랑이
벼논 개구리
환영하는 음악단 구성
밤새도록
오케스트라 연주 듣고
평상 위에 누워
모기 밥상이 된다
하늘 이불 삼아
까만 밤을 마시고
술 취한 큰 개구리
자는 줄도 모르고
새벽 서대리 찬바람
방으로 들어간다

어미 닭

오리 알 부화시켰다
긴 시간 지난 어느 날
부화한 지 하루 지나고

태어나자마자 물통에
오리 새끼 집어넣었더니
병아리들은 좋아서 동 동 동

어미는 안달이 났다
꽥꽥거리며 물통을 돌고
병아리는 들은 척도 않고

자식을 키우는 나
엄마 속 썩이며
오리 새끼처럼 자라 왔겠지

제4부

별 단풍

거미

이제나
저제나

언제
걸려들지도

기다림

한없는 세월
낚고 있다

길 잘못 들어
운수 나빠 걸리면

행운 잡아
시(詩) 한 수 남겨본다

게는 앞으로 가지 않는다

앞으로 가
학생은 동쪽으로 가고
선생님은 서쪽으로 간다

앞으로 가라고 아무리 시켜도
바로 가지 않고 옆으로만 간다
반대로 가는 길 바로 가는 곳

어른들 중심 교육
자신의 잘못도 모르면서
아이들은 그렇게 배웠다

나는 모른다
나의 잘못을
바로 가는 길

물 밖으로 나온 게가 어디로 간들
게는 게지 가재가 아님을
똥 게는 섬마을 화장실을 찾고

인간과 같을 수야 없지만
교권이 무너지고

예(禮) 떨어진 지 오래
효(孝)란 옛이야기
누가 누굴 탓하랴

바로 가지 않고
옆으로만 가는
세상이
그렇게 돌아가는데
난들 어쩌랴

고로쇠 수액

온몸이 아프다
몸통에 주삿바늘
상처투성이
수혈을 당한다

수십 군데 날 어쩌려고
성한 몸 한 군데도 없다
내 몸통에 피를 뽑아
인간들이 채액을 마신다

나는 고통스럽다
피가 통하지 않고
혈관이 마르고 심장이 멈춰
도저히 살아갈 수가 없다

자연의 소중함도 모르고
몸에 좋다면 인육도 먹는다
잔인한 인간을 원망하며
이 봄 나는 죽어 가고 있다

까꾸리

벌거벗은 여인의 옷
갈퀴로 끌어모으다
윗옷 벗기는 소리

찢어진 치맛자락
누더기 조각이 겹으로 끌려
할퀸 자국 선혈이 낭자하다

가려운 등 땀이 흘러내리면
솔잎 사각거리는 소리에
피복층 덕지덕지 각질이 벗기고

산은 변함없고
효자손은 등을 간질여주네

보길도 여름

이제나저제나 오시려나
날 버리고 가신 임
사랑할 땐 언제고
버릴 때 언제냐?

아무리 기다려도 오지 않고
뱃고동 소리 울려오면
가슴 뛰는 만남 될까?

검정색 차만 봐도 임 아닌가
따라가다 되오는 허탈감
그리움에 잠 못 이루고
별 보며 눈물 흘리는

사랑하는 사람 올까?
자리 떠나지 못한 도로변
배신이란 상처 가슴에 응어리 되어

오늘도 선창가 오가는 사람들 얼굴
지나는 자동차마다
무작정 눈알 굴리는 검은색 승용차

미물보다 못한 야속한 인간을 믿은
버림받은 보길도 유기견
뜨거운 햇빛 아래 오늘도 기다린다

문학 기행 가는 길

꼬불꼬불한 도로
낯 모르는 문인과 동석
꿀 먹은 벙어리 되어

길가 벼
차멀미 먼지로
얼굴 노랗다

가끔 보이는 붉은 사과
푸른 하늘
침샘 고이고

보이는 천산(天山)
억새풀 손 흔들며
노란 콩잎 졸고 있다

구기자 붉은 열매
부끄러운 잎 속에 숨어
가슴 빨갛게 물들다

별 단풍

별똥별 흘린 눈물
가슴속 파고들어
황톳물 되어 흐른다

고이고 쌓인 강물
출렁대는 바다 그리워하며
엄마의 가슴에 타 내린 땀

바다는 강물을 기다리고
별 같은 단풍 웃다—울다
늘어난 하얀 머리카락

얼굴 붉게 물들인
산 계곡 틈새 내리는
낡은 세월의 주름살

양귀비 눈썹 같은 초승달
내 죄란 바라본 죄뿐인데
공범이 되어 감옥살이한다

내 나이 홍등가의 불빛
찬란한 카페 단풍잎 되어
은하수 깊은 물 속 별빛처럼
소리 없이 떠—내려간다

불나비 무도회

늙은 가로등 속살 보인
매연을 보약으로 먹고
우풍(雨風)에 낡은 세월
빛바랜 전봇대가
고독을 삼키며 졸고 있다

희미한 수은등 불빛
나방들이 모여들어
여름밤 광란의 춤을 춘다

환각 되어 죽는 줄 몰라
술 취해 떨어진 자리
개미들 축제 이루고

하늘과 땅 색다른 삶
가슴 타는 헛기침 소리
아침 햇빛 한 자락 잡아
바람결에 날린다

산바

들국화 보니 눈웃음
머리 살래살래 흔들어
정말 환장하겠네

미친 듯 불던 바람도
생 지랄을 하고
용지봉 넘어가더니

가을 하늘 높고 푸르기만 하다
긴 머리 부스스 날리며
온몸 간지러워 미칠 것 같은데

어제 왔다 간 산바
생사람 잡은 신의 노여움
죽여 놓고 갔다 다 죽여 놓고

하늘 원망할까?
자연 무시한 인재
우리들이 저지른 죄로다

수평선의 노도

해운대 백사장 파도가
소리치며 달려온다
어둠이 깊게 파고드는 밤

별 그림자에 놀란 네온의 불빛
내 그림자에 놀라 밟힌 모래사장
기계 문명에 짓눌린 삶의 실재

인간이 지배 받아야 할 날
희미한 영혼들의 놀림
하얀 파도의 끝자락을 밟은

짓밟힌 모래 아까운지
비에 젖은 알갱이
촉촉이 다져진다

오륙도

거센 풍대가 치고 있는 파고
다섯 여섯 섬이 떠다니며
가라앉았다 올라오는 고녀

무역선 길잡이
유람선 비켜가며
배를 안내하네

넓은 바다를 품고 떠도는
오륙도
섬 거북 되어
부산항 비련을 듣고 있다

허탈

바람의 종류도 많은데
하필이면 태풍이냐?
볼라벤이란 이름으로
라오스에서 태풍을 몰고

덴빈이란 놈은 일본 물통을 들고
까맣게 타는 농어민 가슴에
물을 사정없이 부었다

어찌 삭이랴
양어장, 낙과된 과일
폭격당한 항구처럼
쑥대밭 된 농지

등대가 자맥질하는 파고
성난 파도는 방파제 무너뜨리고
수마(水魔) 할퀸 상처 섬이 가라앉는다

육지까지 밀려 파손된 어선
암초에 걸린 두 동강 난 화물선
난장판 된 도시
물바다 된 도로

자연의 노여움에 허탈한 심정
절망하지 말고 힘을 가졌으면
내 가슴도 아픈데
살길 막연한 수재민
어떻게 가슴을 채울까?

섬진강

산하 속으로 흘러내리는
지리산 옥수
파닥대는 은어 은빛 비늘
저녁노을 강물에 빠져
백색 모래사장
금을 캐는 부부
허리가 아픈지
일어섰다 엎드리며
금을 찾는다
밀레 이삭 줍는 여인
쌍계사 저녁 종이 울릴 텐데
맑은 물 오염으로
재첩은 줄어들고
중국산 재첩 밥상
쪼르르 몰려온다

고흥 가는 길

밀양역 서울서 오시는 존경하는 문인
기다리다 반가움에 만나
모르는 길 내비게이션에 의존하고
남해 고속도로
고흥반도 금산면 방향으로 가는 길이다

진주를 지나 섬진강 휴게소 잠깐 쉬고
낯선 풍경 어디가 어딘지 모르고
이정표 안내 따라 전화질하며
굽이굽이 산길 돌아
나라우주센터 모형도 보고

인간의 위대한 기술 연육교
소록대교 거금대교
어떻게 표현하면 좋을까?
예술 아름다운 그림 한 폭 담아
은빛 물결 곁눈으로 힐끔힐끔 보며
연육교와 바다에 취해버린다

군데군데 자라 새끼가 노닐고
크고 작은 섬 기어오는 노을
가슴에 파도 출렁인다

이육사 문학관

분지로 둘러싸인
유교문화 고장
지천(地天)

가을 햇살
누런
콩잎 덩굴어

분수대 타고 온
오색 무지개 따라

서산 넘는 해
산 그림자 노을 먹고
검은 밤을 열리라

나르는 비행체
하늘 길 갈라

산등성이 사이
살포시 내민 얼굴

갈길 재촉하는
나그네
검은 손 붙잡는다

함양 상림 숲길

상림 숲 물막이 바람막이 선인의 혜안으로
넓은 숲 맑은 공기 시원한 그늘도 주고
가을이면 색색 단풍 아름답기 그지없다

진흙에 핀 연꽃은 군민의 노력으로
수많은 관광객이 밀리면서 구경하고
백련 홍련 수련까지 지천에 꽃 피우다

향긋한 향내 코끝을 간질이며
원앙새 가족 줄지어 연꽃 사이 놀고 있다
잘 다듬어진 상림 숲길 선인들 동상까지

그늘 지운 이름 모를 나무가 시원한 바람 주네
알지 못한 연꽃 씨받이 얼굴 밀고
향내 동산 이룬 십팔만 평 감탄이 절로 난다

손 흔드는 꽃 얼마인지 알 길 없고
천만 송이 인사하는 꽃향기 어찌할까
흔드는 잎 흥겨워 춤추고 있구나

녹동항

멋지다 고생한 보람 있다
우리나라 7번째 큰 섬
아름다운 해변 해수욕장

우리 바닷물 발 담아
밀려오는 파도소리 즐긴다
횟집에서 나누는 담소

소주 한잔하며 늦은 밤
문학 토론하고
짓궂은 농담 배를 잡고

한밤 지샌 예비 공원 꿈
잠 설친 밤이라도 좋아
유적지 절이도목장성* 뒤로하고

녹동항 연잎같이 떠 있는 배들
양팔 껴안은 포근한 항구
수산센터 친절한 여인네

평생을 두고 잊지 못할
추억 한배 만들어
오래도록 벽걸이 걸어둔다

* 절이도목장성 : 전남기념물 제206호.

아리랑 움막

산소리 새소리
꼬불꼬불 굽잇길

낙월정(洛月亭) 풍경소리
반갑게 맞아주고

연못에 떨어지는 물소리
내 가슴 풀어주네

멀리 고향 산 보이는 곳
아리랑 선생님 따뜻한 정

나와 포옹(抱擁)하고
아이—구 너무 좋아라

자꾸만 발길이 가는데
난들 어쩌랴

안동행 무궁화 열차

말 없는 산과 들에 하얀 눈이 모처럼 자리를 잡고
발목이 빠질 정도로 내린 백설이 세상을 삼켜 버렸다
외로이 전선을 지키는 전선주 벌벌 떨고

줄지은 포도나무 바람을 안고 까치 걸음마처럼
겨울을 밀어내며 긴 한숨을 쉰다
어둠인지 흐린 날인지 알 수 없는 눈 내린 오후

시나브로 달리는 무궁화 열차 느림 때문에 애가 타고
동대구에서 안동 가는 버스 통제 됨을 어찌 알았는지
역이란 역은 다 쉬어가고 갈길 바쁜 나그네 약만 올리네

고개 숙인 소나무 우듬지 하얀 솜 점점이 눈물 머금고
머리에 인 솜뭉치 검은 어둠을 삼킨다
눈 내린 산굽이 검은 영혼을 밀치고 적막 깨우는 기적

고성을 토하는 시골 역 맨발로 선로 위 뛰어간다
별들의 눈물이 응고되어 녹아내리는 안동행
내일이면 다시 올 길을 10분 후 공간을 참아본다

촛대바위

갯가 망부석 누굴 기다려
우뚝 선 촛대바위
처량해 보여

장고의 세월
지나는 뱃길 바라보며
머—언 수평선

찾아오는 갈매기 쉼터
코브라 바위도
언제 올지 모를
어부를 기다린다

앵두나무

아파트 화단
빨갛게 달린 앵두
침이 꼴깍
목구멍에 넘어간다
앵두나무는
샘가에 있어야

사랑은
물레방앗간에서
동네 처녀 바람은
샘가에서
우물이 없다
마을마다

추억에 피는 앵두꽃
나목이든
꽃이 피든
바람은 난단다

앵두가 멍들고
담 봇짐을 쌌다던
사춘기 가출 소녀

꿈도 없이
무작정 나간다

앵두꽃이 피던 마을
그리움이
쪽박에 담기고
앵두나무 샘물가
노래 시 한 편 흥얼거린다

자규가 우는 그리움

개울가 둥지 알을 품다 깨트린
어느 날
어미에 끌려 어디론가 날아갔다
깊은 산골
움막 같은 둥지에서
적막이 감도는 산속에
자규는 밤새 홀로 울었다
오래도록 간직한 마음
소식 전해져
얼마나 기다리던 만남인데
자규는 피를 토하고 울었다
이별 수십 년 세월
가을부터 겨우내
한탄과 눈물로 긴긴밤을
자규는 밤마다 울었다
늙고 주름진 인생 계급장
산골 물소리같이 흘러가고
별빛도 동정을 했다
그날 밤 여인은 옷을 벗었다
그렇게 울던 자규는
술만 마시고 술만 마시고
품어보지도 않고

이미 등기된 남의 새
그를 보고 울기만 하다
밤 깊이
어둠 속 날려 보내며
다시는 만나지 않기로
그것이 어디 말대로 쉬운가?
꿈속에서 그리워하고
떠나버린 몽중 환
시린 가슴 피멍 들어
붉게 토한 피 찔레꽃 되어
잊으려 해도 커가는 그리움
태산 같은 옹이 심장에 박혀
자규는 기나긴 겨울 내내
통곡하며
밤마다 슬프게 울고 있었다

우물

새벽이 열려
조잘조잘
참새 떼 소리

누구누구네 집은
어쩌고저쩌고
정겨운 곳
싸움의 씨알이 되기도

우물은
세월의 그리운 추억
동네 여인들
약속 없는 쉼터

지나온 마을 인심이
뭉게구름으로 핀다

남해 창선

내일모레
보름달이 기다려진다
별빛 내리는 마을
개구리 노래도
시골 아니면 듣지 못하고
창선 서대리 만당 집
막걸리 한잔
구운몽, 사씨남정기
서포 선생님께
들어본다
개구리들이 반긴다
어둠 뒤에 장막을 치고
개골개골 글을 읽는다
보물섬 기행
바닷물 소리

여름의 중간

빛살을 가르며
아침
산에 오른다

등산복 땀에 흠뻑 젖어
새큼한 땀 냄새 등천하고

까만 밤에 지친
먹잇감 왔다고
모기떼가 반긴다

삭혀온 묵은 찌꺼기
곰탕거리보다 못한
쓸모없이 지탱한 육신

그래도
기다린 보람으로
얻어먹을 것이 있나 보다

얼마나 배가 고팠기에
앞뒤 가리질 않고
팔다리 물고 늘어져

살아온 긴긴날
저려오는 아픔이
심장까지 전해온다

제5부

당신을 만나

2012년 12월 28일

하얀 세상으로 바꾸어 놓았다
검고 긴 밤을

어디서 왔는지
마음도 하얗다

몰래 찾은 손님
천지에 눈이 쌓여
아픔의 소리를 낸다

빡빡머리 당신의 고통
걸어온 길 뒤돌아보지 말라고
당신이 한 말 가슴 깊이 새기며

당신과 함께 손잡고 가던 길
투병하는 당신에겐
이젠 먼 추억이 되어버린

고통스러운 외로움
가슴에 구석구석 박혀
지금도 함박눈이 되어 내린다

가발

가슴에 안긴 유체이동
오늘의 아픔 담아
돌아볼 겨를 없이 지나가리니

얼굴은 그 얼굴인데
가발 모습이 너무 낯설다

파마 이발료
질 색깔 등급도 다른 가발
언제까지
비구니 스님으로 지낼지?

힘들고 독한 약물 치료
마누라 머리카락 빠지고
가발 쓴 모습 딴사람 되어

마음에 상처 줄까 말하지 못해
쳐다보는 가발
차가운 바람 되어
껴안은 가슴 얼어 버린다

당신을 만나

행복하다고
단 한 번도 말한 적 없다
사랑한다고 말한 적도
대학병원 비상계단에서
앉아 울고 있을 때
난 말 못하고
가슴이 터질 것 같았다
너무 미안하고 죄스럽고
용서 빌지 못하고
당신 만나 행복했소
사랑해요
용서해줘요
미안합니다
진정 사랑합니다

변명

벼락 치고
천지 진동하는
하늘 길 뚫린 날
백년 못 된 고목 밑에서
쭈그리고 앉아
벼락을 맞았다

넓은 들판 가운데
얻어맞을 줄 알면서도
푸른 벼 잎에 달린 물방울
눈물 되어 흘러내리고

어둠이 몰려오는 밤
얼마나 고통스러울까?
험한 산길 거센 파도
함께 걸어온 사십 년
유방암
이승 저승 모르는 수술대 위에

대기실 길고 긴 9시간의 수술
안절부절못하며 까맣게 탄 가슴
천년 세월 흘러갔다

아무에게도 말하지 않았다
구름 속 밀려나오는 햇빛
희미하게나마 보일까 싶어

내 모든 잘못을 오늘에 와서
나는 알았다

항암사

비구니 스님과 산다
3주에 한 번 만나는
비구니 스님과

살아도 사는 것이 아니다
마음은 고통뿐
스님과 함께 살아온 날
사십 년 삶의 풍상

그땐 그렇지 않았다
예쁜 장미꽃
오늘도 그를 만나면
눈물이 난다

젖가슴도 도려내고
머리카락도 빠진
속절없는
비구니 스님이기에

그는 표현하지 않아도
나란 놈과 살면서
얼마나 힘들었을까

항암사 비구니 스님
약물치료
나는 스님의 고통을 안다

올같이 추운 겨울 더 더욱
별 떨기 같은 당신이 있는데
가슴 찢어지는 아픔이 얼어

주름살

접어진 추억
세월이 하루가 되어

봄
간질간질한 푸른 촉
사랑스럽다 못해
온몸 전율 느끼게 하더니

여름
씽씽하고 푸른 잎
더위를 초대하고
약통에 진땀을 흘릴 때도

가을
색색이 물든 단풍나무
온갖 시련을 겪고
주렁주렁 달린 과일

겨울
잎은 서서히 떨어지고
당신과 만난 지 수십 년
곱디곱던 얼굴 계절 속으로
저물어 가고 있다

자운영

별빛 이슬 받아먹던 꽃잎
연약한 여인의 허리
꽃잎 바람에 흔들리다

약수터 물 한 모금
아침이면 만나는
여인은 미소를 잃지 않고

언제부터 만남이 띄엄띄엄
주말이면 어쩌다 한두 차례
그녀를 보았다

얼굴에 병색이 짙어옴을 안 후
그녀를 본 지 꽤 오래 되었다
아마 불꽃이 꺼져감을 알고

피지도 못한 꽃잎은
산 그림자 노을 잡아먹듯
자운영은 암으로 떨어졌다

도반

몰래몰래 가을비가
어둠 속으로 밤새 내려
나도 모르게
왠지 서글프다

청소기로 먼지 빨고
걸레질하고
뒤돌아보니
깨끗하긴 하다만

여태 함께한 도반이
병실에 있어
흐린 날씨만큼
자꾸만 되돌아 보인다

세월의 등에 떠밀려
오는 것이란 허무함
가슴 아픈 지난 사연
눈물이 난다

동행자

흘러내리는 개울물에
한쪽 다리 들고

머—언 하늘만 바라보고
무얼 그리 생각할까?
왜가리 한 마리

운동장 한구석 먹이 찾는
한 마리 비둘기

마을길 혼자서 보따리 들고
모퉁이 돌아가는 할미

오두막 집 혼자 사는 할배
너무 외로워 보인다

그래도 우린 동행자 있어
당신과 나 행복하지

문학세계대표작가선 691

게는 앞으로 가지 않는다

박희익 제7시집

인쇄 1판 1쇄 2013년 8월 15일
발행 1판 1쇄 2013년 9월 1일

지 은 이 : 박희익
펴 낸 이 : 金天雨
펴 낸 곳 : 도서출판 天雨
등   록 : 1992. 2. 15. 제1-1307호
주   소 : 서울시 성동구 무학봉28길 6 금용빌딩 2F(하왕십리동 966-23)
전   화 : 02)2298-7661
팩   스 : 02)2298-7665
http://www.moonhaknet.com
E-mail : ing@moonhaknet.com

값 8,000원

ISBN 978-89-7954-543-2